3 Mai 1889

P

Seconde Vente

L. DROMARD

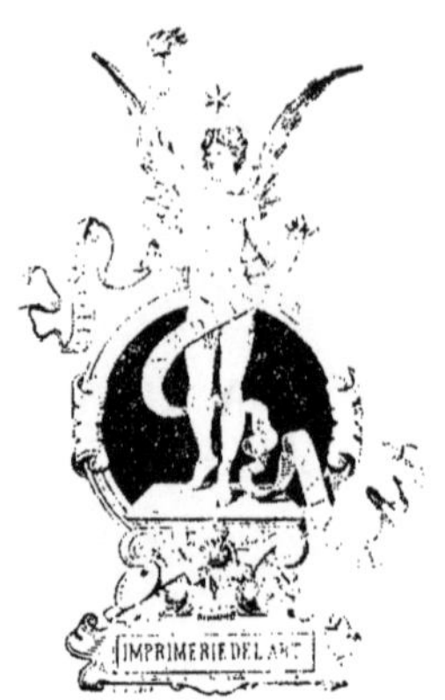
IMPRIMERIE DE L'ART

Seconde Vente

L. DROMARD

PARIS. — IMPRIMERIE DE L'ART

E. MÉNARD ET Cie, 41, RUE DE LA VICTOIRE, 41

CATALOGUE

DE TRÈS BEAUX

MEUBLES D'ART

DES DIFFÉRENTS STYLES

Vitrines, Bibliothèques

Tables, Paravents, Écrans, Commodes, Meubles en bois de fer

JOLIS SIÈGES

Canapés, Fauteuils, Chaises et [illegible]

PAR

L. DROMARD

MEUBLES ANCIENS

Des XVIe, XVIIe et XVIIIe siècles, en bois sculpté en marqueterie et en acajou

Bureaux, Tables, [illegible]

Sièges, [illegible]

DONT LA VENTE AURA LIEU

Par suite de cessation de fabrication, et en vertu d'une autorisation du Tribunal de commerce

HOTEL DROUOT, SALLE N° 8

Les Vendredi 3 et Samedi 4 Mai 1889

A 2 HEURES

COMMISSAIRES-PRISEURS

Me MAURICE DELESTRE — [illegible]

Me PAUL CHEVALLIER — [illegible]

EXPERTS

M. CHARLES MANNHEIM — 7, rue Saint-Georges, 7

M. E. LASQUIN — [illegible]

Chez lesquels se trouve le présent Catalogue

EXPOSITIONS, SALLES Nos 8 ET 9

PARTICULIÈRE : *Le Mercredi 1er Mai 1889, de 1 heure à 5 heures.*

PUBLIQUE : *Le Jeudi 2 Mai 1889, de 1 heure à 5 heures.*

CONDITIONS DE LA VENTE

Elle est faite expressément au comptant.

Les acquéreurs payeront, en sus des adjudications, *cinq pour cent* applicables aux frais.

L'exposition mettant le public à même de se rendre compte de l'état et de la nature des objets, il ne sera admis aucune réclamation une fois l'adjudication prononcée.

DÉSIGNATION DES OBJETS

MEUBLES PAR L. DROMARD

VITRINES

1 — Très belle vitrine de salon, de style Louis XVI, en bois sculpté et doré, en trois parties, celle du milieu à ressaut et surmontée d'une gorge.

Les montants et les encadrements sont composés de rangs de piastres, d'enroulements et de moulures à oves.

Elle repose sur un soubassement à huit pieds cannelés en spirales, reliés entre eux par un entrejambes simulant deux lyres. La ceinture est agrémentée d'une frise de postes sur laquelle se détache un motif représentant deux cornes d'abondance.

Le dessus est à trois tablettes de marbre bleu turquin.

Haut., 1 m. 85 cent.; larg., 1 m. 50 cent.

2 — Beau meuble vitré d'entredeux et à hauteur d'appui, de style Louis XVI en bois sculpté et doré d'une riche ornementation.

Il ouvre à deux portes et les coins à doucine forment étagère à fond de glace.

Les montants, à pilastres cannelés, sont ornés de tigettes à rubans et d'une rosace médiane ; les encadrements de portes, à bandes d'enroulements avec rosaces dans les angles à ressaut.

La ceinture à frise de postes sur la face et entrelacs à rosaces sur les côtés.

Le soubassement à tore de lauriers avec tablier simulant une peau de lion sculptée en relief.

Dessus de marbre bleu turquin.

Haut., 1 m. 5 cent.; larg., 1 m. 55 cent.

3 — Belle vitrine de salon, à trois panneaux vitrés sur le devant et deux sur les côtés, en bois sculpté et peint en blanc à trois tons.

La partie centrale surmontée d'une gorge sculptée, à frise de postes et mascarons aux angles ; les montants finement moulurés, à baguettes rubannées et rangs de perles. La base avec tablier en lambrequin sculpté, et pieds fuselés sculptés à feuilles d'eau.

Dessus de marbre bleu turquin.

Haut., 1 m. 50 cent.; larg., 1 m. 40 cent.

4 — Vitrine d'entredeux élevée sur un support à pieds, à quatre faces et surmontée d'une gorge.

Elle est décorée de peintures en camaïeu bleu sur fond d'or, représentant des enroulements de feuillages sur les montants à angles arrondis, des guirlandes de laurier sur la ceinture, divers motifs d'entrelacs avec groupes de dauphins sur l'encadrement de la porte, et des sujets à jeux d'enfants au milieu de rinceaux et de quadrillages sur la gorge.

Haut., 1 m. 68 cent.; larg., 80 cent.

5 — Très jolie vitrine à accrocher, de style Louis XV, en bois délicatement sculpté et doré, dont l'encadrement, composé de motifs rocaille, se termine par un petit fronton ajouré.

Le bas orné d'un pendentif d'ornementation analogue.

Haut., 1 mètre ; larg., 60 cent.

6 — Vitrine, genre Renaissance, en bois noirci, rehaussée de moulures d'un délicat profil et dorées.

Les montants, à angles arrondis, se terminent, haut et bas, par un ornement à coquilles : le couronnement présente deux chapiteaux aux angles.

Elle est montée sur un support à quatre pieds-balustres.

Haut., 1 m. 68 cent.; larg., 85 cent.

7 — Vitrine d'entredeux de style Louis XVI, genre Riésener, en bois d'acajou, à angles arrondis ornés de fines cannelures, et surmontée d'une gorge.

Garniture de bronze à guirlandes de laurier, tigettes et moulures à rais de cœurs.

Dessus de marbre bleu turquin entouré d'une galerie.

Haut., 1 m. 50 cent.; larg., 68 cent.

8 — Vitrine d'entredeux de même travail et de même ornementation : celle-ci sans gorge.

Dessus de marbre bleu turquin avec galerie.

Haut., 1 m. 40 cent.; larg., 62 cent.

9 — Vitrine pareille à la précédente, un peu moins large.

Haut., 1 m. 78 cent.; larg., 57 cent.

10 — Petite armoire vitrée à hauteur d'appui, de style Louis XVI, en bois d'acajou et ouvrant à deux portes.

Les montants, à angles arrondis, sont cannelés et garnis de chutes et de tigettes.

Les encadrements des portes, ainsi que le bas du meuble, sont ornés de moulures et d'un cul-de-lampe en bronze ciselé et doré.

Dessus de marbre bleu turquin avec galerie de cuivre à grecques.

Haut., 1 mètre; larg., 1 mètre.

11-12 — Deux tables-vitrines, de style Louis XVI, en bois noir sculpté, à pieds cannelés en spirale, ornés de chapiteaux et reliés par un entrejambes à rosaces.

Long., 1 mètre ; larg., 58 cent.

13 — Jolie vitrine oblongue, à monture de goût chinois en bois de fer mouluré et base à galerie découpée à jour. Elle repose sur un support de même style ayant deux tablettes d'entre-jambes.

Hauteur de la vitrine, 1 mètre ; larg., 95 cent.
Hauteur du support, 95 cent. ; larg., 1 mètre.

14 — Vitrine à trois panneaux vitrés, en bois de fer mouluré de style semi-japonais, montée sur un socle et surmontée d'une corniche en pagode.

Hauteur totale, 1 m. 70 cent. ; larg., 1 m. 15 cent.

15 — Vitrine de style semi-japonais, ouvrant à une porte, avec support bas et corniche relevée en pagode, en bois mouluré et doré. L'intérieur garni d'étoffe.

Haut., 1 m. 80 cent. ; larg., 70 cent.

16 — Vitrine semblable en bois noir, à filets d'or.

Haut., 1 m. 80 cent. ; larg., 70 cent.

17 — Vitrine semblable en bois noir.

Haut., 1 m. 80 cent. ; larg., 70 cent.

TABLES ET CONSOLES

18 — Magnifique table de milieu de style Louis XIV d'après un modèle du château de Bercy.

La ceinture ajourée est ornée d'un motif à mascaron : tête de femme.

Les pieds à quatre pans avec chapiteaux de feuillages, ornés de culots, sont reliés par un très bel entrejambes à contours avec rosace de jonction.

Dessus de marbre vert de mer.

Long., 1 m. 65 cent.; larg., 75 cent.

19 — Table de salon, de style Louis XVI, en bois sculpté et doré, à quatre faces.

La ceinture ajourée à feuilles de laurier, avec motif plein au milieu.

Les pieds fuselés, cannelés à torsades, reliés par un entrejambes formé de deux lyres, supportant un vase.

Dessus de marbre brèche.

Long., 1 m., 24 cent ; larg., 76 cent.

20 — Très beau guéridon de boudoir, de forme ronde, de style Louis XVI, en bois sculpté et doré.

La ceinture composée d'entrelacs ajourés ; les pieds fuselés et cannelés, reliés par un entrejambes formant une rosace moulurée et sculptée.

Dessus de marbre bleu turquin.

Diam., 60 cent.

21-22 — Deux petites consoles de suspension, de style Régence, en bois sculpté et doré, à mascaron et feuillages.

Haut., 25 cent.; larg., 34 cent.

23 — Table à thé, forme hollandaise, genre XVIIIe siècle, en bois doré.

Dessus de marbre brèche encadré.

Pieds à entrejambes.

Long., 69 cent.; larg., 45 cent.

24 — Petite table de style chinois, en bois noir, dont la ceinture

est découpée à jour et le dessus formé d'un plateau en bois incrusté de burgau du Tonkin.

25 — Petite table carrée, de style chinois, à ceinture sculptée à jour, pieds contournés et dessus de brocatelle.

Larg., 50 cent.

26 — Table de style Louis XIII, en noyer; pieds avec T tourné.

Haut., 1 mètre; larg., 60 cent.

27-28 — Deux petites tables de style Louis XIII, en noyer.

Long., 75 cent.; larg., 50 cent.

29-30 — Deux petites tables à thé, de style Louis XIII, en noyer, à pieds tournés avec entretoise moulurée.

Long., 52 cent.; larg., 39 cent.

ARMOIRES, COMMODES, BIBLIOTHÈQUES

SERVANTES, ÉTAGÈRES ET CARTONNIERS

31 — Beau meuble d'entredeux à hauteur d'appui, de style Louis XIV, en bois satiné, orné, sur les portes et sur les côtés, de peintures du XVIIIe siècle, représentant Mars et Vénus, Nymphe et Amours.

Il est garni de moulures, d'écoinçons et d'ornements-appliques en bronze doré.

Dessus de marbre vert de mer.

Haut., 1 m. 10 cent.; larg., 1 m. 55 cent.

32 — Armoire d'entredeux de style Louis XIV, surmontée d'une gorge, composée de panneaux d'ancien laque de Chine, à figures et kiosques dans des paysages, avec monture en bois de violette, ornée de bronzes.

Haut., 1 m. 95 cent.; larg., 75 cent.

33-34 — Deux petites commodes d'entredeux de style Régence, de forme contournée, à trois tiroirs encadrés, en placage de bois de rose et de violette, ornées de chutes et de poignées rocaille en bronze ciselé et doré.

Dessus de marbre brèche mouluré.

Haut., 90 cent.; larg., 76 cent.

35 — Deux petites commodes de style Louis XV, en marqueterie de bois de rose, bois satiné et bois de violette, à médaillon de fleurs; garniture de bronzes dorés.

Dessus de marbre brèche.

Haut., 85 cent.; larg., 65 cent.

36 — Meuble d'entredeux de style Louis XV, de forme contournée, avec porte cintrée sur le devant, en bois de violette, bois satiné et marqueterie à fleurs, ton sur ton.

Les montants sont ornés de chutes et de motifs rocaille ainsi que de moulures en bronze.

Dessus de marbre brèche.

Haut., 91 cent.; larg., 87 cent.

37 — Petite bibliothèque dite coin de feu, de style Louis XVI, façon Riésener, en bois d'acajou, à angles arrondis cannelés, ornée de moulures en bronze.

Dessus de marbre bleu turquin avec galerie.

Haut., 1 mètre; larg., 75 cent.

38 — Petite bibliothèque analogue à la précédente; celle-ci a montants formés de colonnettes.

Haut., 1 mètre; larg., [illegible] cent.

39 — Petite bibliothèque dite coin de feu, de style Louis XV, en marqueterie de bois de violette, à contours, ornée de bronzes.

Dessus de marbre brèche.

Haut., 90 cent.; larg., 73 cent.

40-41 — Deux petites servantes de forme Louis XV, à pieds contournés, en bois de noyer, garnies de deux tablettes de marbre brèche, avec dessus à rebord.

Larg., 50 cent.

42-43 — Deux petites servantes de même travail; celles-ci de forme carrée.

Larg., 31 cent.

44-45 — Deux petites tables forme Louis XV, en bois d'acajou, avec pieds à contours moulurés et dessus à rebord.

Long., 58 cent.; larg., 38 cent.

46 à 50 — Cinq petites étagères d'encoignures en bois laqué de goût chinois et de différents tons.

Haut., 80 cent.; larg., 30 cent.

51 — Cartonnier de bureau à monture de bronze et revêtement de brocart, contenant quatre tiroirs, en ancien maroquin rouge finement doré aux petits fers, et deux cases.

Haut., 31 cent.; larg., 70 cent.

PARAVENTS ET ÉCRANS

52 — Paravent de salon de style Louis XVI, à trois feuilles, dont les encadrements en bois sculpté et doré, sur les deux faces, sont ornés de bandes d'enroulements et de fines moulures.

Garniture de soie de style.

Charnières à double évolution.

Haut., 1 m. 58 cent.; larg., 50 cent.

53 — Petit paravent de salon à quatre feuilles d'inégale hauteur, formant une rampe gracieusement contournée, en bois sculpté et orné de peintures à tons dégradés.

Garniture en dauphine de style Louis XV, à rayures et fleurettes sur fond saumon.

Charnières à double évolution.

Haut., 1 m. 13 cent.; larg., 35 cent.

54 — Paravent de même style et de même forme avec quelques variantes dans l'ornementation, en bois naturel sculpté, à torsades et moulures rubannées.

Garniture d'étoffe à fond bleu et quadrillages vieil or.

Charnières à double évolution.

Haut., 1 m. 35 cent.; larg., 42 cent.

55 — Petit paravent de fenêtre de balcon, à deux feuilles, de style Louis XIV, en bois sculpté et doré, à motifs d'entrelacs et quadrillages, surmonté de frontons à coquille.

Garniture d'étoffe de style, à fond marron.

Charnières à double évolution.

Haut., 96 cent.; larg., 68 cent.

56 — Petit paravent analogue au précédent, plus simple l'ornementation.

Haut., [illegible] cent.; larg., 68 cent.

57 — Petit paravent à quatre feuilles, de style japonais, en bois de fer mouluré, garni d'étoffe.

Haut., 85 cent.; larg., 4[illegible] cent.

58 — Écran de style Louis XVI, en bois sculpté et doré, à rubans et rangs de perles, surmonté d'un trophée d'attributs des Arts et terminé par un cul-de-lampe.

Garniture d'étoffe de style.

Haut., 1 m. 15 cent.; larg., 65 cent.

59 — Écran-pupitre de style Louis XVI, façon Riésener, en bois d'acajou moucheté.

Il s'ouvre à abattant et l'intérieur contient deux tiroirs et une papeterie.

Dessus de marbre bleu turquin, à galerie de bronze.

Haut., 1 m. 10 cent.; larg., 57 cent.

60 — Petit écran de style chinois, à deux faces, en bois de fer mouluré, avec pied à consoles et galerie repercée à jour.

Feuille en soie brochée à fond bleu.

Haut., 1 m. 5 cent.; larg., 50 cent.

61-62 — Deux écrans de style Louis XVI, façon Riésener, en acajou, finement moulurés sur les deux faces et ornés de bandes azurées et de rosaces en bronze doré.

Feuilles en soie de style, à fleurettes sur fond bleu clair.

Haut., 90 cent.; larg., 45 cent.

63 — Petit écran avec tablette pour écrire, de style Louis XV, en bois de rose massif mouluré.

Haut., 95 cent.; larg., 40 cent.

SIÈGES PAR L. DROMARD

CANAPÉ ET FAUTEUILS

64 — Très beau canapé à rampe et à double face, en bois sculpté et doré, de style Régence.

La ceinture, reposant sur huit pieds, est ornée de feuillages et raccordée à deux accotoirs composés de gracieuses crossettes se terminant en spirales feuillagées.

La rampe du dossier est sculptée à rubans et motifs de fleurs.
Garniture en soie, à bouquets de fleurs sur fond jaune.

Haut., 88 cent.; long., 1 m. 65 cent.; larg., 60 cent.

65 — Très joli siège de boudoir, de style Louis XV, en bois sculpté et doré de l'exécution la plus délicate, garni de canne.

La ceinture, composée de motifs à crétons, est raccordée aux pieds par d'élégants contours ornés de chutes rocaille; un très léger entrejambes en X relie les quatre pieds.

Le dossier, composé d'un encadrement en deux parties, est agrémenté d'enroulements de feuillages, de perles, de rubans et de deux crossettes renversées.

Haut., [illegible] cent.; larg., 52 cent.

66 — Très belle bergère à joues, de style Louis XVI, en bois très finement sculpté et doré.

Modèle dit de Marie-Antoinette, du palais de Trianon.

Les pieds, fuselés et cannelés, sont reliés par des rosaces à une ceinture de piastres.

Les bras, sculptés à feuilles d'acanthe et à rubans, se terminent à la hauteur du dossier par une volute retenant une guirlande de laurier.

Le dossier, de forme carrée, est orné d'un médaillon ovale surmonté de deux guirlandes.

Haut., 1 m. 5 cent.; larg., 67 cent.

67 — Bergère pareille à la précédente et de même travail, celle-ci peinte en blanc à deux tons dégradés.

68 — Belle bergère de style Régence, à dossier contourné à trois compartiments, en bois sculpté et doré, à moulures rubannées et feuillagées, orné d'une guirlande de lauriers se détachant sur la partie supérieure.

Haut., [illegible] cent.; [illegible] cent.

69 — Très joli fauteuil de bureau de dame ou à coiffer, de style Louis XV, en bois finement sculpté et doré, garni de canne dorée.

La ceinture à moulures se raccordant avec les pieds est ornée d'une coquille sur la face et entourée d'une frise de draperies.

Le dossier, à trois compartiments, est contourné par un ruban.

Les pieds, ornés de chutes, sont reliés par un entrejambes en X.

Ce châssis est sculpté en creux à bande d'enroulements.

Haut., 70 cent.; larg., 52 cent.

70 — Fauteuil de bureau de dame ou à coiffer, de style Louis XV, en bois sculpté et doré, garni de canne dorée.

Le dossier à trois compartiments.

La ceinture et les pieds à contours moulurés agrémentés de coquilles, avec entrejambes en X.

Haut., 75 cent.; larg., 52 cent.

71 — Fauteuil à coiffer de style Louis XV, en bois sculpté et doré, garni de canne, orné de moulures et de palmettes.

Haut., 70 cent.; larg., 52 cent.

72 — Petit fauteuil de bout de pieds, de style Louis XV, en bois sculpté et doré, garni de canne.

Le dossier, à trois compartiments, est contourné par un ruban.

La ceinture reliée aux pieds par des moulures.

Haut., 50 cent.; larg., 53 cent.

73 — ~~Siège analogue au précédent.~~

74 — Beau fauteuil à dossier carré, de style Louis XIV, en palis-

sandre sculpté, bras à volutes et pieds à gaines avec entrejambes.

Garni de velours de Gênes.

Haut., 1 m. 14 cent.; larg., 63 cent.

75 — Fauteuil de bureau de style Louis XVI, de forme quadrangulaire, en bois d'acajou mouluré et sculpté.

Il est à quatre pieds, dont un, sur le devant, contourné à volutes, et les trois autres fuselés et cannelés.

La hotte du dossier à trois balustres et deux montants ajourés en S.

Haut., 78 cent.; larg., 7[illegible] cent.

76 — Fauteuil de bureau de style Louis XVI, en bois sculpté, garni de canne dorée.

Le siège tournant, la hotte carrée ornée de bandes d'enroulements et de piastres.

Haut., 9[illegible] cent.; larg., 57 cent.

CHAISES ET TABOURETS

77 — Très jolie chaise légère de salon, de style Louis XVI, en bois sculpté et doré sur toutes faces, garnie de canne dorée.

Le dossier, en forme d'écusson, entouré de piastres et orné d'une draperie à la partie inférieure.

Le siège, de forme ovale, est entouré d'une frise et de rosaces.

Les quatre pieds, fuselés à chapiteaux feuillagés, sont reliés par un élégant entrejambes en rosace, mouluré à rangs de perles.

Haut., [illegible] cent.; larg., [illegible] cent.

78 — Chaise de même forme que la précédente, avec légères modifications dans l'ornementation.

Haut., 90 cent.; larg., 39 cent.

79-80 — Deux élégantes chaises légères de salon, style de transition de Louis XV à Louis XVI, en bois sculpté et doré, garnies de canne dorée.

Le dossier creux contourné est entouré d'un rang de piastres et d'un enroulement de ruban. La ceinture, ornée également d'un rang de piastres et de quatre rosaces, repose, par devant, sur deux pieds à volutes à chutes de feuilles d'acanthe, et, par derrière, sur deux pieds droits fuselés et cannelés reliés entre eux par un léger entrejambes.

Haut., 86 cent.; larg., 56 cent.

81-82 — Deux élégantes chaises légères de salon, de style Louis XV, en bois sculpté et doré, à dossier creux et pieds ornés de chutes et reliés par un X.

La ceinture agrémentée d'une petite coquille sur le devant.

Haut., 87 cent.; larg., 41 cent.

83 — Chaise de salon d'un riche modèle, de style Régence, en bois sculpté et doré, garnie de canne dorée, ornée de coquilles sur la ceinture et sur les pieds, ainsi que sur le dossier creux.

Haut., 86 cent.; larg., 42 cent.

84-85 — Deux grandes chaises de salon de style Louis XIV, en bois sculpté et doré, garnies de canne.

Le dossier droit à crossettes est surmonté d'un motif de feuillages.

Les pieds ornés de chutes à palmettes.

Haut., 94 cent.; larg., 41 cent.

86-87 — Deux grandes chaises de style Régence, d'un riche modèle, en bois sculpté et doré, garnies de canne dorée.

Dossier droit à légers contours, rehaussé de feuillages.

Ceinture à coquilles et quadrillages avec châssis sculpté.

Pieds reliés par un X.

Haut., 95 cent.; larg., 44 cent.

88 — Chaise légère de salon, de style Régence, en bois sculpté et doré sur les quatre faces et garnie de canne dorée.

Le dossier droit à légers contours et à fronton orné de feuillages. La ceinture à coquilles. Les quatre pieds à chutes et sabots volutes reliés par un entrejambes en X.

Haut., 84 cent.; larg., 53 cent.

89 — Chaise de forme analogue à la précédente, différente d'ornementation et de dorure.

Haut., 84 cent.; larg., 53 cent.

90 — Chaise légère de style Louis XIV, en bois sculpté et doré, garnie de canne.

Dossier droit à crossettes, à fronton; pieds à palmettes.

Haut., 88 cent.; larg., 40 cent.

91 — Deux jolies chaises légères de salon, de style Louis XVI, en bois sculpté et doré.

Dossiers à fuseaux cannelés formant cinq arceaux.

Siège arrondi, canné, avec ceinture à perles, rais de cœurs et rosaces.

Pieds fuselés et cannelés.

Haut., 83 cent.; larg., 38 cent.

92 — Trois chaises pareilles aux précédentes, avec légères modifications dans les rosaces.

Haut., 83 cent.; larg., 38 cent.

93 — Chaise semblable en bois peint à deux tons.

94 — Deux chaises de même forme en bois d'acajou sculpté, ornées de rosaces en bronze doré.

95 — Deux jolies petites chaises, modèle Louis XVI, en bois

d'acajou, richement sculptées; dossier à lyre; pieds cannelés à chapiteaux de feuillages; ceintures à rais de cœurs et perles.

Haut., 88 cent.; larg., 40 cent.

96 — Chaise légère de style Louis XIV, en bois naturel sculpté, garnie de canne dorée.

Le dossier droit à coins arrondis.

Haut., 89 cent.; larg., 39 cent.

97 — Deux chaises de salle à manger, de style Louis XVI, grand modèle en noyer sculpté à rais de cœurs et rosaces.

Dossier droit à colonnettes cannelées.

Garniture de canne.

Haut., 97 cent.; larg., 51 cent.

98 — Modèle de chaise de salle à manger, de style Louis XIV, pieds à volutes avec entretoise, siège et dossier garnis.

Haut., 93 cent.; larg., 49 cent.

99 — Modèle de chaise de style Louis XIV, à piètement carré avec entrejambes, dossier élevé pour être garni d'étoffe.

100 — Modèle de chaise de style Louis XIV, analogue à la précédente.

101 — Modèle de chaise de style Louis XIV, analogue aux précédentes, avec dossier moins élevé.

102 — Tabouret de style Louis XV, en bois sculpté et doré, orné de coquilles sur la ceinture et de chutes à palmettes sur les pieds, garni de soie.

Haut., 50 cent.; larg., 58 cent.

103 — Tabouret analogue au précédent, avec variante dans les pieds.

Haut., 50 cent.; larg., 40 cent.

104-105 — Deux tabourets de piano de style Louis XVI, de forme ronde, en bois sculpté et doré, à pieds fuselés, cannelés et ornés de feuillages.

Haut., 50 cent.; larg., 38 cent.

106 — Tabouret ou table à thé de style Louis XVI, en bois sculpté et doré, de forme ovale; les pieds fuselés, à chapiteaux feuilles d'acanthe, sont reliés par un bel entrejambes en X avec rosace de jonction.

Dessus de canne dorée.

Haut., 45 cent.; larg., 42 cent.

107 à 110 — Quatre jolis tabourets de pieds, de style Louis XV, en bois sculpté et doré, avec ceinture quadrillée et feuillagée.

Haut., 40 cent.; larg., 37 cent.

DIVERS

111 — Petit cadre de style Henri II, en ébène finement mouluré, décoré de niellures d'or.

Haut., 40 cent.; larg., 25 cent.

112 — Autre cadre de même forme, en ébène sans décor, avec bas-relief en bronze doré.

113 — Divers petits cadres à émaux. Style Renaissance.

MEUBLES ANCIENS

ET DE STYLE

TABLES, CONSOLES, GUÉRIDONS, TOILETTES, TORCHÈRES

114 — Grande et belle table console, de style Louis XIV en partie ancienne[1], en bois sculpté et doré.

La ceinture présente un large motif d'ornements avec coquille au centre, des mufles de lions sur les montants et des rosaces sur les côtés.

Les pieds, en forme de gaines à quatre faces, sont surmontés de chapiteaux; un entrejambes, d'ornementation très riche et supportant un vase, relie les pieds à un fond plein sculpté à volutes feuillagées.

Dessus de granit.

Long., 1 m. 53 cent.; larg., 65 cent.

115 — Console Louis XV, à deux pieds contournés reliés par un vase à flamme, en bois sculpté peint en partie à fleurettes et rehaussé de dorure, composée dans son ensemble de divers ornements rocaille.

Dessus de marbre brèche à contours et moulures. Travail du XVIIIe siècle.

Haut., 90 cent.; larg., 75 cent.

116 — Console Louis XV de forme analogue à la précédente, également en bois sculpté, peint en partie et rehaussé de dorure.

Dessus de marbre griotte.

Haut., 96 cent.; larg., 65 cent.

117 — Table de milieu, de style Louis XIV, en bois sculpté et doré.

Ceinture à quadrillages fleuronnés avec pendentif ajouré orné d'un mascaron : tête de femme.

Pieds à quatre faces reliés par un riche entrejambes à crossettes.

Long., 1 m. [illegible] cent.; larg., [illegible] cent.

118 — Deux consoles Louis XVI en bois sculpté et peint en blanc.

La ceinture formant avant-corps cintré orné de grecques, les montants à pilastres cannelés et le fond plein à glace reposant sur une plinthe.

Haut., 95 cent ; larg., [illegible] cent.

119 — Deux torchères formées chacune d'un négrillon indien debout, grandeur demi-nature, en bois de noyer rehaussé de peinture et de dorure, tenant d'une main un flambeau et reposant sur un riche piédestal à trépied, de style Louis XIV, en bois doré.

Les figures sont du XVIIe siècle, de travail français.

Hauteur totale, 2 m. [illegible] cent.

120 — Petite console de style Louis XV, à deux pieds, composée d'ornements rocaille en bois sculpté et doré. Dessus de marbre brèche mouluré, à couleurs.

Larg., 5[illegible] cent.

121 — Deux colonnes torses à chapiteaux Louis XIII, en bois sculpté peint et rehaussé d'or, ornées de feuillages et de fleurs en relief.

Haut., 1 m. [illegible] cent.

122 — Petit guéridon Louis XIII, à pied triangulaire à consoles, en bois noir à filets dorés. Dessus de marbre brèche.

Larg., [illegible] cent.

123 — Table Henri II, à rallonges en noyer, dont les pieds à colonnes sont reliés par un entrejambes à arceaux.

124 — Table Henri II, à rallonges, pieds à colonnes et traverses en noyer.

125 — Console Louis XVI en bois de citronnier, à angles arrondis, avec tablette inférieure et dessus de marbre blanc entourés d'une galerie de cuivre.

Haut., 85 cent.; long., 90 cent.

126 — Table ronde Louis XVI en acajou, à quatre pieds cannelés et deux tiroirs dans la ceinture.

Ce meuble porte la marque de Jacob.

Dessus de marbre bleu turquin entouré d'une galerie.

Haut., 79 cent.; larg., 65 cent.

127 — Table-guéridon plus petite que la précédente en acajou, garnie de moulures de cuivre et d'une tablette d'entrejambes trilobée. Dessus de marbre bleu turquin.

Haut., 75 cent.; larg., 55 cent.

128 — Servante Louis XVI, forme guéridon, à quatre pieds cannelés en bois d'acajou, avec tablette de marbre blanc, contenant quatre rafraichissoirs et surmontée d'une seconde tablette surélevée entourée d'une galerie de cuivre.

Haut., 1 m. 25 cent.; larg., 65 cent.

129 — Table de toilette Louis XVI, en bois d'acajou, à trois tiroirs sur le devant et à pieds cannelés.

Le dessus se lève et forme miroir à l'intérieur.

Long., 85 cent.; larg., 50 cent.

130 — Table toilette riche du temps de Louis XVI, en acajou, à pieds cannelés, garnie de moulures et bandes azurées en bronze doré.

Le dessus se lève et forme miroir à l'intérieur.

Long., 84 cent.; larg., 48 cent.

131 — Table ronde Louis XVI, à quatre pieds cannelés, avec tablette d'entrejambes et ceinture contenant un tiroir, en acajou garni de moulures de bronze. Dessus de marbre brèche entouré d'une galerie de cuivre.

Haut., 77 cent.; larg., 50 cent.

132 — Table analogue à la précédente, d'ornementation plus simple. Dessus de marbre blanc.

Haut., 70 cent.; larg., 55 cent.

133 — Table Louis XVI, de forme ovale, en bois de rose marqueté à filets.

La ceinture contient un tiroir avec tablette pour écrire.

Dessus de marbre brèche entouré d'une galerie de cuivre.

Long., 80 cent.; larg., 60 cent.

134 — Petite table de chambre à coucher du temps de Louis XV, ouvrant à deux petites portes au-dessus desquelles la place d'un tiroir en marqueterie de bois de couleurs à filets; ornée de bronze et à dessus de marbre brèche entouré d'une galerie.

Haut., 80 cent.; long., 50 cent.

135 — Petite table-bureau de dame Louis XV, à pieds contournés, en bois de violette, garnie de bronzes.

Dessus de maroquin.

Long., 68 cent.; larg., 45 cent.

136 — Petite table à ouvrage Louis XV, à trois tiroirs, en bois de violette, tablette d'entrejambes et dessus de marbre brèche.

Long., 45 cent.; larg., 32 cent.

137 — Petite table pliante à jeu de trictrac du temps de Louis XVI, en bois d'acajou, offrant sur le devant trois encadrements de tiroirs à moulures de perles; montants à bandes azurées et pieds cannelés à tigettes. Avec ses pions en ivoire.

Dessus de marbre bleu turquin.

Long., 53 cent.; larg., 30 cent.

138 — Petit meuble Louis XV, à contours, en bois de violette, ouvrant à deux portes et contenant deux cartons à l'intérieur, garni de chutes et de sabots en bronze doré.

Haut., 80 cent.; larg., 60 cent.

139 — Toilette à poudrer, de style Louis XV, décorée au vernis genre Martin, fond mordoré, à sujets pastoraux dans des encadrements de fleurs.

Le dessus à deux volets et à miroir.

Long., 86 cent.; larg., 50 cent.

140 — Petite table Louis XV, en marqueterie de bois de rose, à damier; dessus à contours avec rebord.

Un tiroir dans la ceinture.

Long., 55 cent.; larg., 42 cent.

141 — Table de toilette du temps de Louis XVI, en bois de rose marqueté, à bouquets de fleurs dans des encadrements à grecques.

Le dessus forme miroir à l'intérieur et s'ouvre à deux volets, garnis de sabots et d'entrées de serrures en bronze.

Long., 90 cent.; larg., 54 cent.

142 — Petit meuble chiffonnier et bureau du temps de Louis XV, en marqueterie de bois à damier et à dessus en brocatelle d'Espagne. Il est surmonté d'un casier à six tiroirs en ancien maroquin doré aux petits fers.

Les pieds ont une tablette d'entrejambes.

Haut., 1 m. 20 cent.; larg., 42 cent.

143 — Petit meuble d'entredeux à deux corps, du commencement du siècle, en bois d'acajou orné de bronzes.

Le haut a quatre tiroirs en maroquin; dessus de marbre bleu turquin et galerie.

Haut., 1 m. 10 cent.; larg., 50 cent.

144 — Table de nuit Louis XVI de forme ovale, en acajou, porte à brisures et tablette d'entrejambes; dessus de marbre blanc à galerie.

145 — Table de nuit de forme ronde, en acajou, du temps de l'Empire, ornée de quatre colonnettes à chapiteaux en bronze doré; dessus de marbre bleu turquin.

146 — Table de nuit Louis XVI de forme ronde, en marqueterie de bois à filets, porte à coulisse, tablette d'entrejambes; dessus de marbre brèche.

Haut., 85 cent.; larg., 40 cent.

147 — Rafraîchissoir ou jardinière de forme ronde, en marqueterie de bois à fleurs.

Haut., 54 cent.

148 — Autre, de forme carrée, à angles coupés.

Haut., 52 cent.

149 — Rafraîchissoir Louis XVI, en acajou, forme ronde, ceinture à canaux. Porte la marque E. Epaillard.

Haut., 45 cent.

150 — Petit scriban à dos d'âne, ouvrant à abattant, et à deux tiroirs de toute sa largeur, en laque noir, représentant des paysages chinois avec rivières, kiosques et figures. XVIIIe siècle.

Haut., 1 mètre; long., 65 cent.

151 — Grand cabinet d'antichambre ouvrant à deux portes, et garni de tiroirs à l'intérieur, de forme oblongue, en ancien laque, à figures chinoises; il repose sur un support bas à pieds contournés, également en laque, et est garni d'écoinçons et de ferrures en cuivre gravé et doré.

Haut., 1 m. 52 cent.; larg., 1 m. 5 cent.

152 — Cartonnier de bout de bureau Louis XIV, en ancien laque de Chine, à figures sur les côtés.

Il contient neuf tiroirs sur quatre rangs, en ancien maroquin doré aux fers.

Haut., 71 cent.; larg., 72 cent.

BUREAUX

153 — Joli bureau du temps de Louis XV, de forme contournée, surmonté d'une étagère ajourée, en marqueterie de bois de placage.

Les pieds, ornés de bronzes, sont reliés par une tablette.

La face présente quatre tiroirs de chaque côté et deux tiroirs simulés au milieu.

L'intérieur, s'élevant à bascule, contient un petit casier.

Haut., 1 mètre; larg., 96 cent.

154 — Bureau Louis XVI à cylindre surmonté de trois tiroirs, à pieds et montants cannelés, en bois d'acajou orné de moulures et d'entrées de serrures en bronze.

Dessus de marbre bleu turquin mouluré et entouré d'une galerie de cuivre à grecques.

Haut., 1 m. 23 cent.; long., 1 m. 55 cent.

155 — Bureau Louis XVI à cylindre surmonté de trois tiroirs, à pieds et montants cannelés, en bois d'acajou, orné de moulures, d'entrées de serrures, de tigettes et de rosaces en bronze doré.

Dessus de marbre bleu turquin à galerie de cuivre doré.

Haut., 1 m. 25 cent.; larg., 1 m. 27 cent.

156 — Petit bureau plat Louis XV en bois de placage, à pieds ornés de chutes et de sabots, ceinture à trois tiroirs encadrés sur le devant, avec poignées de bronze doré.

Dessus à contours garnis de maroquin.

Long., 80 cent.; larg., 53 cent.

157 — Petit bureau de dame du temps de Louis XV, en bois de rose marqueté. Il est à pieds contournés, avec tablette d'entre-jambes, porte encadrée ouvrant à abattant, tablette médiane en brèche d'Alep, avec casier supérieur à quatre tiroirs en ancien maroquin rouge doré aux fers, et dessus en brèche d'Alep entouré d'une galerie de cuivre.

Haut., 1 m. 15 cent.; larg., 72 cent.

158 — Petit bureau plat du temps de Louis XV, de forme contournée, en bois de violette et bois satiné, orné de chutes et de sabots rocaille en bronze; ceinture à trois tiroirs avec encadrements de cuivre doré.

Dessus en maroquin.

Long., 87 cent.; larg., 52 cent.

159 — Petit bureau de dame du temps de Louis XV, forme dos d'âne, et ouvrant à abattant, en marqueterie de bois de violette à quadrillages. L'intérieur contient deux tiroirs et un casier; la ceinture, deux autres tiroirs se fermant à secret.

Garniture de chutes, de sabots et de moulures de bronze doré.

Haut., 87 cent.; larg., [illegible] cent.

160 — Bureau plat Louis XVI en acajou, à pieds carrés, et cinq tiroirs sur le devant, garni d'entrées de serrures et d'un quart de rond en cuivre doré.

Dessus en maroquin.

Long., 1 m. 80 cent.; larg., 65 cent.

161 — Grand bureau plat du temps de Louis XV, en bois sculpté, à pieds contournés.

La ceinture, ornée de plusieurs motifs, contient trois tiroirs.

Long., 1 m. 75 cent.; larg., 80 cent.

162 — Petit bureau plat Louis XVI en acajou, à pieds cannelés, orné de moulures à perles, et offrant, sur le devant, cinq encadrements de tiroirs.

Dessus de maroquin.

Long., 82 cent.; larg., 46 cent.

163 — Table-bureau Louis XVI en acajou, à pieds cannelés, garnie de moulures et d'ornements de bronze.

Dessus de maroquin.

164 — Bureau Tronchin en acajou, à pieds carrés.

Long., 80 cent.; larg., 50 cent.

BAHUTS, BIBLIOTHÈQUES, ARMOIRES

165 — Grande bibliothèque Louis XIV, ouvrant à deux portes vitrées, en bois noir incrusté de filets de cuivre.

Haut., 2 m. 30 cent.; larg., 1 m. 40 cent.

166 — Armoire d'entredeux de style Louis XIV, surmontée d'une gorge et ouvrant à deux portes, en ancien laque noir de Chine, décoré de figures et de branches de fleurs, avec monture en bois de violette ornée de moulures, d'écoinçons et d'un motif à mascarons en bronze.

Haut., 1 m. 80 cent.; larg., 1 m. 15 cent.

167 — Grande armoire vitrée du temps de Louis XV, ouvrant à deux portes, en bois satiné, garnie de moulures ornées de chutes et d'ornements-appliques en bronze doré.

Haut., 1 m. 72 cent.; larg., 1 m. 32 cent.

168 — Bibliothèque Louis XV en chêne mouluré à contours et sculpté, ouvrant à deux portes vitrées.

169 — Armoire d'encoignure à porte cintrée, avec partie sculptée à feuillages et rinceaux ajourés, XVIIe siècle.

170 — Buffet Louis XV en chêne mouluré, ouvrant à deux portes, dessus de marbre.

171 — Banquette-coffre Louis XIII en noyer sculpté, à rinceaux, tore de lauriers et ornée de montants à cariatides.

COMMODES, SECRÉTAIRES, CHIFFONNIERS

ENCOIGNURES, PENDULES

172 — Grande commode du temps de Louis XV, de forme contournée, en marqueterie de bois de placage, à quatre tiroirs sur trois rangs, ornée de chutes, de sabots et de poignées de cuivre à mascarons et ornements.

Dessus de marbre de Flandre.

Haut. [illegible] cent. ; larg. [illegible] cent.

173 — Commode Louis XIV, à trois rangs de tiroirs encadrés, de forme contournée, en bois de placage, ornée de chutes et de poignées en bronze.

Dessus de marbre vert de mer.

Haut. [illegible] cent. ; larg. [illegible] cent.

174 — Commode Louis XVI, à trois tiroirs dont un à écrire, en marqueterie de bois de rose à quadrillages, forme droite, à angles coupés, ornée de chutes, d'anneaux, d'entrées de serrures et d'un cul-de-lampe en bronze.

Dessus de marbre brèche.

Haut. [illegible] cent. ; larg. [illegible] cent.

175 — Petite commode Louis XVI, à deux tiroirs encadrés, à pans

coupés et à pieds de biche, en bois de rose, ornée de chutes, de rosaces et d'anneaux en bronze doré.

Dessus de marbre bleu turquin.

Long., 1 mètre; larg., 48 cent.

176 — Petite commode Régence, à deux tiroirs, en bois de violette, ornée de bronzes. Dessus de brèche.

Haut., 83 cent.; larg., 48 cent.

177 — Casier en bois de violette, à quatre cartons de maroquin rouge doré aux petits fers, pouvant accompagner la commode ci-dessus.

178 — Petite commode d'enfant du temps de Louis XVI, à trois tiroirs et montants cannelés, en bois d'acajou, garnie de poignées et de moulures de cuivre.

Dessus de marbre bleu turquin à galerie de cuivre à grecques.

Haut., 41 cent.; larg., 41 cent.

179 — Grand secrétaire Louis XV en marqueterie de bois rose et de bois de violette à filets et encadrements; le haut à gorge avec tiroir, le bas ouvrant à deux battants, garni de poignées, de petites chutes, de sabots et d'un cul-de-lampe en bronze doré de style.

Dessus de brèche violette mouluré à contours.

Haut., 1 m. 45 cent.; larg., 60 cent.

180 — Petit secrétaire-chiffonnier Louis XVI, forme droite, à pilastres cannelés, en acajou, garni de moulures, d'entrées de serrures, d'anneaux et d'un cul-de-lampe en bronze doré.

Le bas est à trois tiroirs.

Dessus de marbre bleu turquin avec galerie.

Haut., 1 m. 30 cent.; larg., 64 cent.

181 — Deux encoignures Louis XIV en bois de violette, à porte bombée entre deux montants droits, garnies d'encadrements, de chutes, de rosace et d'un motif à mascaron au centre, en bronze ciselé et doré.

Dessus de marbre campan mouluré.

Haut. [illegible] cent ; larg. [illegible] cent.

182 — Deux encoignures du temps de Louis XV, à contours, en marqueterie de bois de rose à branches fleuries, ornées de bronzes, [illegible] dessus de marbre brèche.

Haut. [illegible] cent ; larg. [illegible] cent.

183 — Petite table-chiffonnière forme ronde, en bois de rose et bois de violette, à trois pieds contournés reliés par une tablette ; elle renferme trois tiroirs à l'intérieur.

Haut. [illegible] cent ; larg. [illegible] cent.

184 — Petite commode Louis XV en marqueterie de bois satiné, ouvrant à deux portes surmontées d'un tiroir, garnie de bronzes, et à dessus de marbre brèche.

[illegible]

185 — Régulateur Louis XIII, à cage en bois noir incrusté de filets de cuivre.

Haut. 2 m. [illegible] cent ; larg. 42 cent.

186 — Pendule Louis XV et son support-applique, en bois peint à fleurs sur fond vert, ornée de bronzes et surmontée d'une figure d'enfant.

ÉCRANS

187 — Grand écran Louis XIV en bois sculpté et doré.

L'encadrement à tore de lauriers, moulures et grosses perles, surmonté d'un motif à coquille et rocailles ajourés. Patins à griffes de lion.

Feuille en tapisserie au point du temps de Louis XIV, représentant des joueurs de boules, dans le genre de Téniers.

Haut., 1 m. 40 cent.; larg., 90 cent.

188 — Écran du temps de Louis XV, à monture contournée, en bois sculpté et doré à fleurs et feuillages.

Garniture en damas de soie vert clair.

Haut., 1 m. 8 cent.; larg., 70 cent.

189 — Écran Louis XIV (restauré), en bois sculpté sur les deux faces et ciré, orné de volutes, de feuillages et de coquilles (refait en partie).

La feuille, en ancienne tapisserie d'Aubusson, représente un vase de fleurs avec oiseau dans un encadrement enguirlandé se détachant sur fond bleu.

Haut., 1 m. 23 cent.; larg., 85 cent.

190 — Écran avec tablette pour écrire, de style Louis XVI, en bois d'acajou, orné de rosaces en bronze.

Haut., 1 mètre; larg., 55 cent.;

191 — Écran Louis XVI en bois d'acajou, à montants formés de deux colonnettes cannelées de cuivre, et à pieds à griffes, orné de moulures, de frises, d'enroulements et de rosaces en bronze doré.

Feuille tournant à pivot en soie bleu clair de l'époque.

Haut., 1 m. 7 cent.; larg., 72 cent.

192 — Écran-pupitre Louis XVI en acajou orné de bronzes.

193 — Paravent Louis XVI à quatre feuilles, à monture de Jacob, en acajou : feuille de soie bleue de l'époque.

194 — Feuille d'écran en tapisserie au petit point, du temps de Louis XIV, représentant cinq dames dans un parc.

CABINETS, BAROMÈTRES, MIROIRS

195 — Petit cabinet persan oblong, ouvrant à abattant et garni de six tiroirs à l'intérieur, en bois incrusté d'ivoire représentant des figures persanes et des arbustes.

Il repose sur un support à deux tablettes d'entrejambes.

Hauteur du cabinet, 5[illegible] cent.; larg., 40 cent.

196 — Petit cabinet portugais de même forme en bois incrusté d'ivoire, à rosaces, avec écusson héraldique sur l'abattant.

Il est garni de ferrures de cuivre et repose sur un support à pieds tournés.

Hauteur du cabinet, 31 cent.; larg., 41 cent.

197 — Petit cabinet Renaissance en bois d'ébène mouluré, ouvrant à deux portes et contenant quatre rangs de tiroirs à l'intérieur. Avec sa table-support.

Hauteur du cabinet, 55 cent.; larg., 4[illegible] cent.

198 — Coffre à dentelles, à couvercle bombé, revêtu de velours rouge et garni de ferrures de cuivre, avec support en bois noir. Le dessus est orné d'un écusson armorié.

199-200 — Deux baromètres-thermomètres en bois marqueté, à fronton surmonté d'un vase.

201 — Miroir de toilette Louis XIV, bordure contournée en bois décoré de nielles.

202 — Miroir de toilette à bordure contournée en écaille garni de bronzes.

203 — Deux miroirs-appliques Louis XV, à bordures contournées en bois doré, avec trois branches porte-lumières en bronze.

204 — Miroir à large bordure Louis XIII, en bois noir à moulures guillochées.

205 — Miroir de toilette à bordure contournée en bois, décoré de dorure. Époque Louis XIV.

SIÈGES ANCIENS

206 — Canapé à rampe en partie du temps de Louis XVI, en bois sculpté et doré, à ceinture ornée de baguettes rubannées, reposant sur six pieds cannelés en spirales, avec chapiteaux feuillagés.

Les accotoirs formés de crossettes reliées par la rampe du dossier.

Haut., 86 cent.; larg., 1 m. 70 cent.

207 — Marquise du temps de Louis XVI, en bois sculpté et peint en blanc.

La ceinture à canaux, les bras sculptés à feuilles; le dossier, légèrement cintré à coins creux, est surmonté d'une guirlande de feuilles de chêne et de laurier.

Garniture avec coussin de duvet, en dauphine à rayures et petits bouquets.

Haut., 1 mètre; larg., 85 cent.

~~208 — Fauteuil Louis XV en bois sculpté, garni de canne.~~

209 — Chaise de salle à manger du temps de Louis XV (restaurée), en bois sculpté à moulures contournées rehaussées de fleurettes. Garniture de canne.

Haut., 96 cent.; larg., 52 cent.

210 — Chaise de salle à manger Louis XV, en bois mouluré à contours; le haut du dossier plus large. Garniture de canne.

Haut., 1 mètre; larg., 52 cent.

211 — Chaise chauffeuse Louis XVI, à dossier à lyre, en bois peint.

212 — Chaise du temps de Louis XVI (restaurée), en noyer; siège arrondi sur le devant, foncé de canne, dossier à fuseaux.

Haut., 92 cent.; larg., 46 cent.

213 — Chaise du temps de Louis XVI (restaurée), en noyer; siège arrondi, garni de canne, dossier à lyre et montants cannelés, pieds fuselés.

Haut., 93 cent.; larg., 46 cent.

214 — Chaise dite chauffeuse du temps de Louis XVI, en bois sculpté peint en blanc, dossier à lyre, siège arrondi, garnie de soie de style, fond bleu turquoise à rayures; ceinture à enroulements et pieds cannelés.

Haut., 90 cent.; larg., 45 cent.

215 — Bois de fauteuil Louis XIV en noyer sculpté, pieds carrés en X d'entrejambes.

216 — Bois de fauteuil du temps de Louis XV, sculpté à fleurs et à moulures contournées.

217 — Bois de fauteuil Louis XIII, à pieds tors.

218 — Fauteuil Régence en bois naturel sculpté à feuillages et garni de canne.

219 — Fauteuil d'enfant, de style Louis XV, en bois sculpté à fleurettes et rubans, garni d'ancien lampas rouge.

Haut., 65 cent.; larg., 44 cent.

220 — Fauteuil d'enfant de forme analogue, orné de coquilles et de chutes à écussons, en bois peint.

Haut., 65 cent.; larg., 44 cent.

221 — Chaise percée Louis XV en bois sculpté, à ornements rocaille.

CURIOSITÉS

SCULPTURES, BRONZES, DIVERS

222 — Harpe du temps de Louis XVI, à crosse en bois sculpté et doré, à feuillages et guirlandes; la table d'harmonie laquée et ornée de peintures à fleurs et attributs.

223 — Niche à chien Louis XVI, de forme carrée, en bois sculpté et doré, à pilastres cannelés.

Haut., 44 cent.; larg., 41 cent.

224 — Petit cadre de Christ Louis XIV, en bois sculpté et doré, cintré du haut.

Haut., 42 cent.; larg., 29 cent.

225 — Petit panneau en noyer sculpté, du XVIe siècle; bas-relief : la Charité.

226 — Autre panneau du XVIe siècle en noyer sculpté : l'Adoration des bergers.

227 — Deux panneaux de portes de meubles du XVIe siècle, sculptés à médaillons allégoriques des saisons.

228 — Panneau gothique fleuri.

229 — Bénitier Louis XV en bois sculpté et doré, à ornements rocaille.

230 — Encadrement italien à fronton et pilastres en bois sculpté et doré.

231 — Petite console d'applique Louis XV en bois doré.

232 — Cadre de Christ Louis XV, de forme ovale, à ornements rocaille.

233-234 — Deux baromètres Louis XV en bois sculpté.

235 — Console d'applique : tête d'ange, en bois sculpté, XVIIe siècle.

236 — Glace Louis XIV à bordure à fronton, en bois sculpté et doré.

237 — Petite statue équestre de Louis XIV en bronze, sur piédestal en bois noir mouluré.

238 — Deux presse-papiers Louis XVI, formés de carlins en bronze, sur socles en marbre.

239 — Deux autres avec levrettes en bronze.

240 — Flambeau de bouillotte Louis XVI, trois lumières à tige, fût cannelé en bronze.

241 — Flambeau de bouillotte Empire en bronze doré.

242 — Hanap et son bassin en cuivre argenté, du temps de Louis XIV.

243 — Petite pendule en marbres de couleurs, ornée de moulures de bronzes et surmontée d'une figure de femme couchée en marbre blanc. xviiiᵉ siècle.

244 — Médaillon en marbre blanc appliqué sur marbre campan. Louis XIV.

245 — Deux statuettes en terre cuite du xviiiᵉ siècle : Baigneuse et femme drapée.

246 — Statuette d'Apollon en bois sculpté. xviiᵉ siècle.

247 — Deux bidets, style Louis XIII, avec cuvettes en faïence de Rouen.

248 — Brasero Louis XIII en cuivre jaune.

249 — Fontaine et son bassin en ancienne faïence de Rouen, à riche décor en bleu et rouge, à armoiries et ornements.

250 — Plafond à fond de glace, formant rosace à compartiments, en verre de Venise.

Diam., 1 m. 60 cent.

251 — Grand plat en faïence de Castelli : le Jugement de Salomon.

252 — Plat en étain attribué à Briot.

253 — Nécessaire de toilette Louis XIV en cuivre argenté, dans son étui, six pièces.

254 — Petit cartel-médaillon en cuivre repoussé, représentant l'Autel de l'Amour. Fin du xviiiᵉ siècle.

255 — Deux cadres Louis XV en bois doré, à fronton sculpté avec écusson fleurdelisé, avec gravures : Portraits de Louis XIV et de Louis XV.

256 — Deux petits cadres Louis XIII, à émaux, en ébène, avec ornements-appliques de cuivre.

257 — Deux cadres ronds : miniatures, en bronze ciselé, Louis XVI.

258 — Deux autres rectangulaires, anciens.

259 — Cartel Louis XVI en bronze doré, modèle à guirlandes et rubans.

260 — Deux flambeaux Louis XV en bronze argenté.

261 — Deux flambeaux Louis XVI.

www.ingramcontent.com/pod-product-compliance
Ingram Content Group UK Ltd.
Pitfield, Milton Keynes, MK11 3LW, UK
UKHW020457180726
13839UKWH00004B/1828